Jonglieren

Jonglieren

Spiel mit der Schwerkraft

edition aragon

Wir danken für die Mitarbeit in Tat und Wort:
Theo Abeln, Düsseldorf
Paul Keast, Wiesbaden
Engelbert Schmitz, Leverkusen
Melani Suchy, Bonn
Karl-Heinz Ziethen, Berlin

© 5. Auflage
EDITION ARAGON
Verlagsgesellschaft mbH
Neumarkt 7-9
47441 Moers

Lektorat: Helma Reimann
Gestaltung: Willi Klauke
Druck: ten brink, meppel
ISBN 3-89535-400-7

Marion Hitzeler · Markus Fritz · Wilhelma Schlüter · Wolfgang Klauke

Jonglieren
Spiel mit der Schwerkraft

edition aragon

Inhaltsverzeichnis:

Geschichte des Jonglierens	11
Der Jongleur zu Pferde	14
Die Kraftjongleure	16
Gentlemen	18
Restaurantjongleure	20
Antipoden oder Fußjongleure	22
Comedy	24
...und „andere" Jongleure	28
Weibliche Akteure	32
Der praktische Teil	38
Ein-Ball-Übungen	39
Zwei-Ball-Übungen	40
Drei-Ball-Übungen	42
Überflieger	45
Außenseiter	45
Fontaine	46
Mitläufer	50
Hochzieher	51
Trenner	55
X-Trick	56
Dopser	59
Zieher	60
Spezialitäten — Wurftricks und Fangtricks	62
Kombinationen	69
Kaskade	71
Partnerübungen	74
Vier-Ball-Jonglieren	79
Die europäische Jonglierszene	83
Das Jonglier-Archiv	93
Materialien	94
Adressen	99
Zeitschriften	100

Geschichte des Jonglierens

Das Wort Jongleur geht auf das lateinische ioculator d.h. Spaßmacher zurück, eine Ableitung aus dem lateinischen iocus, d.h. Spaß, Scherz (Jux) engl. Joke. Als Jongleur bezeichnet man allgemein jemanden, der das geschickte Werfen und Fangen unterschiedlichster Gegenstände in verschiedenen Positionen und Rhythmen beherrscht.

Der Balljongleur Ernesto Nevada prägte einmal den Satz: „Jonglieren beginnt dann, wenn man mit mehr Gegenständen hantiert als man Hände hat." Also mit mindestens 3 Teilen. Diese Definition scheint auf den ersten Blick einleuchtend, jedoch ist sie nicht ausreichend, denn es gibt Jongleure, die mit nur einem einzigen Requisit eine tolle Vorstellung bestreiten können.

Beherrschen der Requisiten und nicht ein „Flash" mit ein paar Gegenständen mehr, bei dem diese krampfhaft einmal aus der Hand geworfen und mühsam wieder aufgefangen werden.

Jonglieren gehört zu den ältesten Sportarten der Welt. Sich aus dem Ballspiel entwickelnd, verselbständigte sich diese Kunst alsbald und diente schon im Altertum der Unterhaltung und Entspannung. Populär war das Jonglieren vor allem bei Frauen. So zeigt z. B. ein Fresko in der Grabkammer von Beni Hassan (Ägypten 1900 v. Chr.) vier jonglierende Frauen.

Bis ca. zum Jahre 500 v. Chr. erfreute sich ein Künstler fast ausschließlich lokaler Popularität, denn erst zu diesem Zeitpunkt wurde der Artist zum Fahrensmann, und dadurch

Es kommt in erster Linie auf flüssiges Durchlaufen harmonischer Bewegungen an. Wichtig ist das spielerische einem größeren Publikum bekannt. So wird jetzt, wie wir aus Xenophons „Symposium" erfahren, z. B. ein syrakusianisches Mädchen populär, das mit 12 Ringen jonglierte.

Auch im hochzivilisierten Altertum war die Jonglierkunst sehr beliebt, wovon zahlreiche Zeichnungen auf Wänden und Vasen, die in Griechenland, Ägypten und China gefunden wurden, zeugen. Es wird in Bildern von Ball-, Kugel-, Fackel- und Messerjongleuren und von sogenannten Schildjongleuren, die mit den modernen Kraftjongleuren vergleichbar sind, berichtet.

Im Mittelalter wurden Lanzen und Schwerter beliebte Jonglierobjekte.

Einer der bekanntesten Waffenjongleure war Taillefer, der berühmte Mistrel (Spielmann) des Normannenkönigs Wilhelm der Eroberer (1066). Zu dieser Zeit hatten die normalen Jongleure keinen leichten Stand. Immer an neuen Orten, unter neuen Menschen, teilten sie, mit gespielter Leichtigkeit, ihre unterwegs aufgefangenen Lieder, Ideen und Melodien ihren Zuschauern mit. Sie jonglierten sich durchs Leben — das Leben jonglierte mit ihnen.

In der Mitte des siebzehnten Jahrhunderts war der Jongleur eine alltägliche Erscheinung auf mitteleuropäischen Messen, Märkten und Festveranstaltungen des Adels und der Kirche. In den nun folgenden zwei Jahrhunderten fand eine Spezialisierung in verschiedene Jonglierstile statt:

Der Jongleur zu Pferde

Mit der Entstehung des Circus bekam die Jonglierkunst neue Aspekte, denn hier wurde es möglich, das Jonglieren mit anderen Disziplinen der Artistik zu kombinieren. So entwickelte sich der Jongleur zu Pferde, dessen erster Vertreter der Engländer Price war, der 1769 auf dem Rücken eines Pferdes in jeder Hand einen Teller auf dem Stab drehte.

In diesem Jahrhundert gelang es dem sowjetischen Jongleur Nikolai Olchowikow zum ersten Mal, eine technisch schwierige Parterrearbeit aufs Pferd zu übertragen. Er schaffte es u. a. reitend mit sieben Bällen bzw. Reife, sowie mit fünf Messern zu jonglieren.

Heutzutage gelten die deutschen Geschwister Brumbach, der Franzose Stephané Gruss und die ungarischen „Vier Dunais" als die besten Vertreter dieser Gattung der Jonglierkunst.

Stephane Gruss
München März 1986

Kardy Dunai, Ungarn

Die Kraftjongleure

Sie arbeiten ausschließlich mit schweren Gegenständen, wie Stangen, Kugeln und Gewichten, sind also Jongleure und Kraftakrobaten zugleich.

Paul Conchas aus Berlin z.B. balancierte eine zweirädrige Kanone auf der Stirn und jonglierte mit bis zu sechs massiven Stahlkugeln. Paul Spadoni balancierte mit den Zähnen eine Kutsche und fing ein aus einer Kanone abgeschossenes Torpedo mit dem Nacken auf, ein Trick, den der Däne John Holtum entwickelt hatte.

Daß diese Nummern ohne doppelten Boden stattfanden, beweist leider der tödliche Unfall der einzigen „Kraftfrau"; Mitte der zwanziger Jahre verletzte sich Paula Delucas bei dem Versuch, eine aus einer Kanone abgefeuerte Eisenkugel mit dem Nacken aufzufangen. Sie starb drei Tage später.

Um die gleiche Zeit trat Frank Eders, der lachende Herkules, auf. Er verband technische Brillanz mit einer humorvollen Show und hob sich so wohltuend von den meist militaristisch geprägten Darbietungen anderer Kraftjongleure ab. Aufgrund des gewandelten Publikumgeschmacks ist die Kraftjonglage heute eine Rarität; bekannt sind uns nur die Sowjetrussen Anochin und Herz, sowie der Österreicher Markus.

Markus und Rosita, 1979

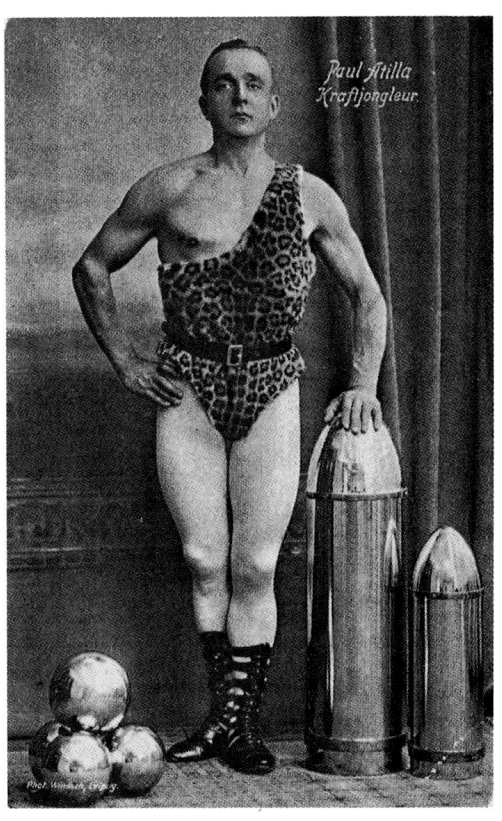

Paul Atilla
Deutschland, 1920

17

Gentlemen

Die „Belle Epoque" spiegelte sich mit ihrem Hang zur Schönheit und Eleganz auch in der Jonglierkunst wider, indem sie mit Michael Kara den Gentlemanjongleur kreierte.

Kara vertauschte den Artistendress mit einem Abendanzug und erhob die Utensilien eines damaligen Herrn zu seinen Requisiten. Er jonglierte mit Zylindern, Handschuhen, Spazierstock, Zigarre, ja sogar mit Tisch und Stühlen, kurzum mit alltäglichen Gegenständen.

Die Eleganz und die wie improvisiert wirkende Jonglage brachte ihm den Ruf des „Königs der Jongleure, Jongleur der Könige" ein. Viele seiner Tricks sind kopiert, ein Großteil bisher nicht wiedergezeigt worden.

Er jonglierte z. B. in einer seiner Nummern ein Messer, eine Gabel und eine geschälte Rübe. Die Rübe wurde in der Luft halbiert und mit den nunmehr vier Gegenständen jonglierte er weiter, um zum Schluß die Rübenhälften auf dem Messer und der Gabel aufzuspießen. Dieser Jonglierstil starb mit dem letzten seiner Repräsentanten, Felix Adanos, aus. Er beherrschte vor allem das Fangen aus der Jonglur zur Balance, wenn er beispielsweise drei Billardqueues jonglierte und zum Schluß einen der Stöcke auf der Stirn zum Stand abfing.

Felix Adanos, 1962

Kara, 1910

Restaurantjongleure

Stilistisch verwandt mit den Darbietungen der Gentlemanjongleure sind die heute ebenfalls nicht mehr aufgeführten Restaurantszenen.

Die Restaurant-Jonglerie entstand um 1900, erfunden durch den Franzosen Agoust. Außergewöhnlich waren die Vorstellungen der aus Spanien kommenden Perezoff Truppe im ersten Viertel dieses Jahrhunderts. Bis zu vierzehn Personen warfen sich gekonnt eine Anzahl Tische, Stühle, Teller, Vasen, Zeitungshalter, Flaschen und Schirme vor der Kulisse des Speisesaales des „Maxime" zu.

Perezoff Comp., Spanien 1928

Rämbler Comp., Berlin 1900

Antipoden oder Fußjongleure

Diese Akrobaten arbeiten mit den Füßen oder mit Händen und Füßen gleichzeitig. Dabei jonglieren sie Fässer, Reifen, Bälle, Regenschirme usw.

Schon in präkolumbianischer Zeit war die Antipodenjonglage in Mexiko bekannt, während sie in Europa erst durch Will Carr nach dem Ersten Weltkrieg populär wurde.

Vor allem asiatische Artistinnen beweisen ihr „Zehenspitzengefühl", bevorzugt mit Hilfe eines geöffneten Sonnenschirmes. Ihre Darbietungen zeigen sie so leicht und kapriziös, daß fast nur ein Jongleur den Schwierigkeitsgrad erahnen kann. Zur Zeit stellen die Franzosen durch James Bassi, der mit bis zu sechs Bällen gleichzeitig arbeitet, und „Die Drei Castors", die als Truppe jonglieren, die besten Antipoden-Jongleure.

Wang Hong, China

Comedy

Die komischen Jongleure stellen einen besonderen Jongleurschlag dar. Neben ihren artistischen Leistungen ist der wesentliche Bestandteil ihrer Show Pantomime und Sprache. Sie jonglieren in den verrücktesten Stellungen, jagen ihren anscheinend nicht zu bändigen Requisiten nach, kämpfen ewig mit der Tücke des Objekts.

W. C. Fields erfand in Amerika um 1900 den Tramp-Jongleur, der meist in nicht passenden oder total zerfetzten Kleidern auftrat.

Auch Charlie Chaplin jonglierte. Von ihm stammt der Gag, einen Apfel während der Jongleur aufzuessen.

Eine andere Masche benutzte der „Mißmutige" unter den Jongleuren, Rebla, der während des Auftrittes Unlust mimte und am Ende vor „Ver-

Dr. Hot und Mr. Neon

zweiflung" seine Zigarrenkästen zerschlug.

Comedy Jongleure benutzen in ihrer Show oft nur drei Requisiten, mit denen sie allerdings blitzschnelle Wechsel und variantenreiche Tricks vorführen.

Es arbeiten heute nicht mehr so viele Jongleure in diesem Genre; wobei der Amerikaner Michael Davis neben Gil Dova, der hauptsächlich mit Bällen und Zigarrenkisten arbeitet, wohl der bekannteste ist.

Zwei weitere Vertreter dieser Sparte der Jonglierszene sind Dr. Hot and Mr. Neon, die als Duo auftreten. In ihren Auftritten zeigen sie unter anderem eine Nummer, in der sie mit je drei Banjos jonglieren. Dabei schlagen sie, jedesmal wenn ein Instrument die Hand verläßt, eine Saite an und spielen auf diese Weise eine Melodie.

W. C. Fields, USA 1934

Gil Dova, USA

Topper Martyn, England

Und „andere" Jongleure

Es gibt viele Jongleure, die den vorher genannten Stilen nicht eindeutig zugeordnet werden können, andererseits jedoch richtungsweisend und inspirierend wirkten.

Der Jongleur schlechthin wurde verkörpert in der Person Enrico Rastellis. Zahlreiche Tricks seines Repertoire's galten als nicht durchführbar und seine Gesamtleistung ist Jahrzehnte nach seinem Tod 1931 nicht wieder erreicht worden. Seine Requisiten orientierten sich an geometrischen Formen wie Linie, Stab, Kugel und Kreis. Seine beispiellose Popularität verdankte er seinem allürenfreiem Wesen, seiner Ausstrahlung und der Perfektion seiner bis zu 45 Minuten dauernden Auftritte. So jonglierte er bis zu acht Platten, die ungleich schwerer zu handhaben sind als z. B. Ringe, bei gleichzeitigem Balltippen auf der Stirn.

Enrico Rastelli, 1931

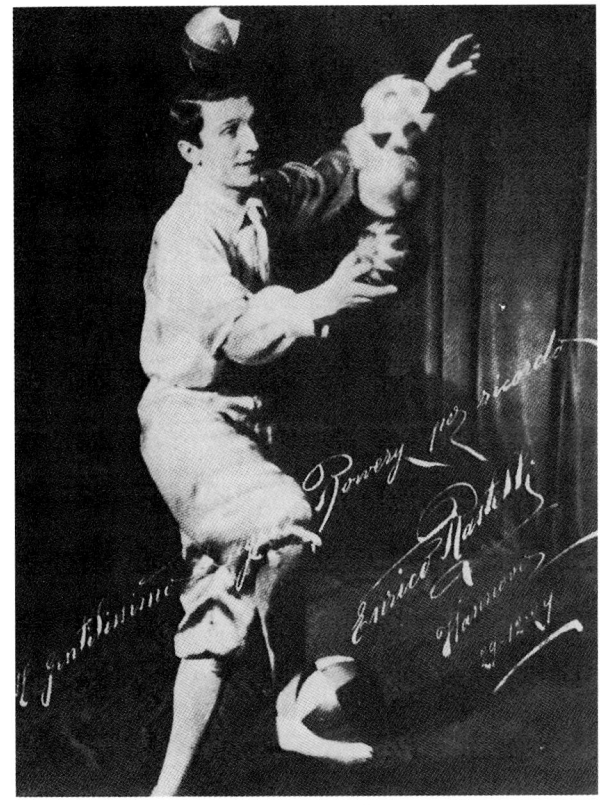

Enrico Rastelli, 1929

Kris Kremo, 1965

Aus einer traditionsreichen Artistenfamilie stammen Bela und Kris Kremo. Bela erfand 1931 den 3-Sachen-Jongleur. Seine bevorzugten Requisiten waren Zigarrenkästen, Zylinder und kleine Bälle. Sein Sohn Chris setzt diese Tradition fort. Er ist unerhört schnell und war der erste, der die vierfache Pirouette beim Jonglieren mit Zigarrenkästen beherrschte.

Francis Brunn stammt ebenfalls aus einer Artisten-Dynastie. Er gehört zu den weltbesten Jongleuren und seine Kombination von Jonglur mit Akrobatik und tänzerischen Elementen (Flamenco) ist eine der ästhetischsten Darbietungen der Gegenwart. Vorzugsweise arbeitet er mit Ringen und großen Bällen bei gleichzeitigen Balanceakten.

Kris Kremo, 1975

Francis Brunn

Aus der Tradition der Moskauer Artistenschule stammt Sergej Ignatov, der 1972 als erster mit elf Ringen jonglierte. Diese Artistenakademien sind in vielen sozialistischen Staaten sehr verbreitet. Ihre Absolventen bestechen, aufgrund ihrer Ausbildung, durch Perfektion in Technik, Ausstattung und Performance.

Weibliche Akteure

In der Chronologie der Jongliergeschichte wollen wir deren weibliche Akteure nicht vergessen. Die Jongleurinnen standen und stehen ihren männlichen Kollegen in der Schwierigkeit und Rafffinesse der Kunststücke um nichts nach.

Lucy Gillet und Jenny Jaeger jonglierten mit neun bzw. zehn kleinen Bällen, und Käthi Gültini überraschte mit der Jongleur von 8 Bällen nach unten gegen eine Trommel. Elegant und technisch perfekt arbeitet heute Eva Vida mit fünf Keulen oder sechs zweiseitig farblich verschiedenen Ringen, die sie während des Jonglierens wendet, so daß der Eindruck entsteht, sie wechselten im Flug die Farbe.

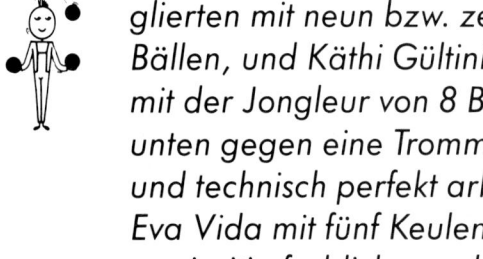

Käthi Gultini, Deutschland 1920

Gitta Wallaston, 1949

Eva Vida, 1973 Österreich

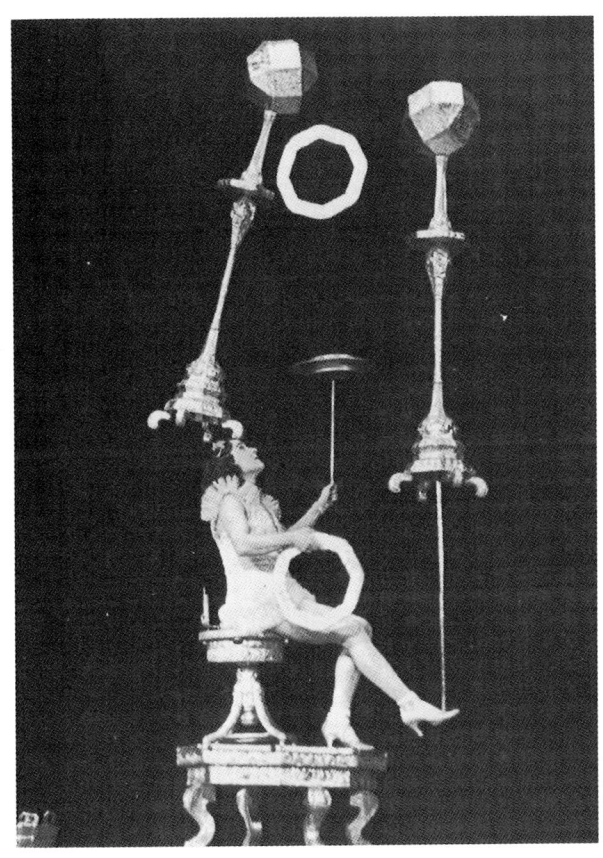

Jenny Jaeger, 1944

Gitta Elsy, DDR 1952

Die Akteure

Mane

Willi

Hans & Hilde

Markus

Yvonne

Wolle

Dagmar

Der praktische Teil

Zuerst einmal sei gesagt, daß ihr mit allen Gegenständen, die sich in die Luft befördern lassen, jonglieren könnt. Als Anfänger solltest du allerdings mit möglichst handlichen, gleichförmigen und gleichschweren Gegenständen üben. Dabei bieten sich mit Reis oder irgendwelchem Körnerfutter gefüllte Stoffsäckchen an, da diese gegenüber normalen Bällen oder gar Gemüse oder Obst den Vorteil haben, daß sie nicht in der Gegend rumspringen bzw. nicht kaputtgehen, keine Flecken hinterlassen und nicht wegrollen, falls sie mal auf den Boden fallen. Wenn du nun drei passende Säckchen zur Hand hast, kannst du sofort zwei davon wieder zur Seite legen und erst einmal mit einem rumspielen. Das ist vielleicht langweilig für dich, aber nichtsdesto-

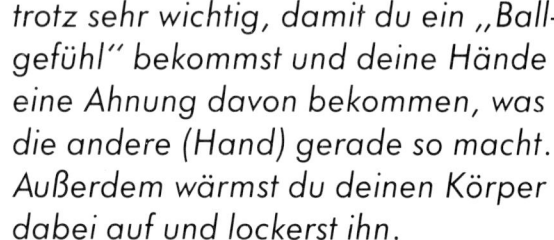

trotz sehr wichtig, damit du ein „Ballgefühl" bekommst und deine Hände eine Ahnung davon bekommen, was die andere (Hand) gerade so macht. Außerdem wärmst du deinen Körper dabei auf und lockerst ihn.

Wie fast bei dem Sport gibt es auch beim Jonglieren so etwas wie eine Grundstellung: deine Oberarme bleiben parallel zum Körper, während du die Unterarme, ohne die Ellenbogen zu verschieben, anhebst und möglichst immer auf gleicher Höhe hälst. Ansonsten stelle dich locker und entspannt hin. Jetzt wirf einen Ball so von einer Hand in die andere, daß er in einem Bogen fliegt, der bis in die Höhe deiner Augen reicht. Dabei achte immer auf die „Grundhaltung", denn wie du sicher gemerkt hast, versucht deine Auffang-Hand dem Ball entgegenzugehen und ihn in Brusthöhe zu fangen, anstatt nach oben geöffnet einfach auf den Ball zu warten. Nachdem du diese Wurftechnik einige Zeit geübt hast, versuche doch einmal, den Ball durch ein angewinkeltes Bein zu werfen. Oder: den Ball hinter dem Rücken, über deinen Kopf nach vorne zu werfen und dort aufzufangen.

Kurz: spiele ein bißchen mit dem Ball; dann fallen dir sicher auch eine Menge Unmöglichkeiten ein, den Ball zu werfen und sicher zu fangen.

Übungen mit zwei Bällen (Abb. 2)
Wirf Ball 1 aus der rechten- in die linke Hand. Hat dieser Ball seinen höchsten Punkt erreicht, dann wirfst du den 2. Ball aus der linken- in die rechte Hand und umgekehrt.

Abb. 2

Jongliere zwei Bälle in einer Hand —kreisförmig *(Abb. 3a)* — nebeneinander *(Abb. 3b)*.

Diese Übungen werden dir zu Anfang sicher sehr schwer fallen. Du mußt sie auch nicht beherrschen, um mit 3 Bällen jonglieren zu können. Du solltest diese 2-Ball-Technik jedoch schon mal ab und zu ausprobieren, weil du sie später für einige 3-Ball-Tricks gebrauchen kannst. Und noch was wichtiges: Versuche, beide Hände gleich viel zu trainieren; laß keine Hand dominant werden. Aus eigener Erfahrung wissen wir nur zu gut, daß du leicht dazu verfällst die schwächere Hand (die linke bei Rechtshändern) zu vernachlässigen.

Abb. 3a

Abb. 3b

Jonglieren mit drei Bällen
Versuche anhand der Bilder den Bewegungsablauf zu durchschauen.
a) Nimm zwei Bälle in die rechte und einen Ball in die linke Hand.
b) werfe Ball 1 von der rechten Hand zur linken.
c+d) wenn der Ball seinen höchsten Punkt erreicht hat werfe Ball 2 von links nach rechts.
e) mit der nun freien linken Hand fängst du Ball 1 und sobald Ball 2 seinen Scheitelpunkt erreicht, wirfst du Ball 3 los.
f) usw.

Wie du siehst, ist das Prinzip ganz einfach zu durchschauen. Aber wie immer gibt es den Unterschied zwischen Theorie und Praxis. Du hast sicher gemerkt, daß die Würfe, die aus deiner schwachen Hand kommen, nicht präzise in Richtung starke Hand kommen; die meisten Anfänger rennen so den Bällen hinterher. Dem kannst du vorbeugen, indem du vor einer Wand übst. Es kann vorkommen, daß du dich partout nicht von einem Ball trennen kannst — ihn also festhälst, den ankommenden Ball fängst und verwundert auf zwei Bälle in einer Hand schaust. In dieser Situation hat sich bewährt, beim Werfen laut mitzuzählen und sich die ganze Zeit einzureden, daß man bei jeder Zahl einen Ball loswirft. Es kommt ja jetzt noch nicht darauf an, perfekt zu werfen und zu fangen, sondern den Rhythmus zu durchschauen.

43

In der **5. Abbildung** haben wir die Technik des 3-Ball-Jonglierens nochmal in einer anderen Darstellungsform gezeichnet, damit die folgenden Tricks besser zu verstehen sind.

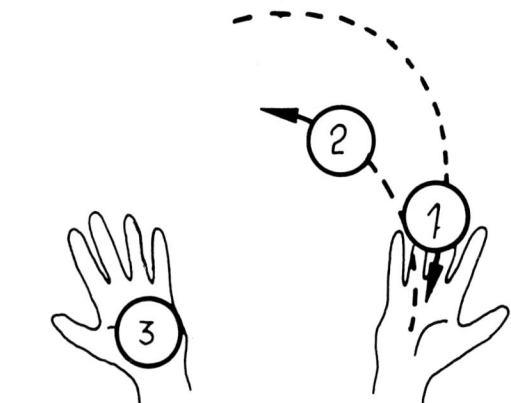

Abb. 5

Abb. 6a Überflieger. Im Gegensatz zum normalen 3-Ball-Jonglieren wird hier Ball 2 anstatt innen — außen an Ball 1 vorbeigeworfen.

Versuche diese Wurftechnik ab und zu in den normalen 3-Ball-Rhythmus einfließen zu lassen. Wenn du das einige Zeit trainiert hast, dann versuche jeden Ball, der die rechte Hand verläßt, nach diesem Prinzip zu werfen. Und später dann, übe alle Bälle von außen nach innen zu werfen.

Abb. 6b Außenseiter. Hier wird der Ball 2 außen an Ball 1 senkrecht vorbei geworfen. Ball 2 wechselt also im Gegensatz zu Ball 1 und 3 nicht die Hand, sondern er bewegt sich entweder rechts oder links außen hoch und runter.

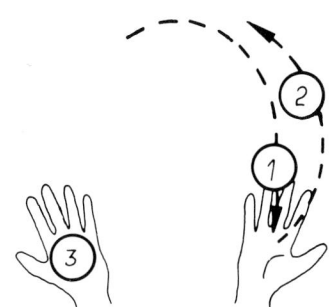

Abb. 6 a

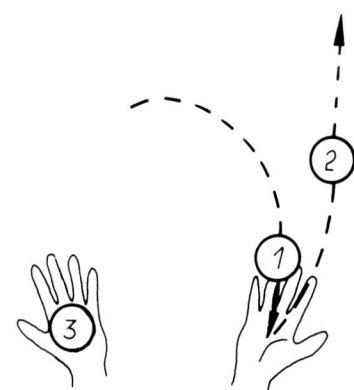

Abb. 6b

Fontaine. In den nächsten Abbildungen beschreiben wir drei unterschiedliche Spieltechniken der Fontaine. Das typische an Fontainen sind die Parallelwürfe.

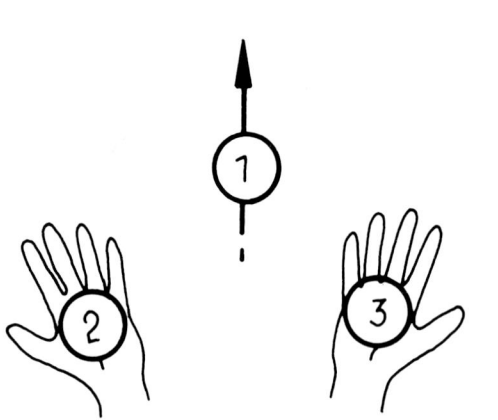
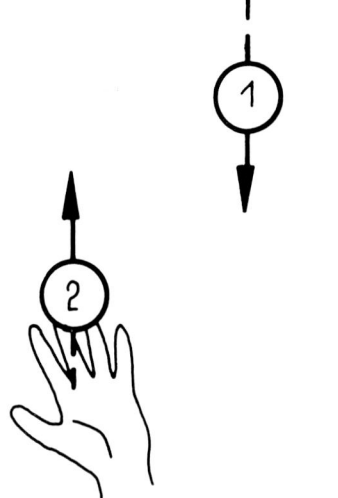

Abb. 7a

Wie in **Abb. 7a** aufgezeichnet, wirfst du die beiden äußeren Bälle gleichzeitig hoch. Während diese Bälle ihren höchsten Punkt erreichen, fängst du den mittleren Ball mit der rechten oder linken Hand auf.

In **Abb. 7b** werden die beiden äußeren Bälle über kreuz geworfen.

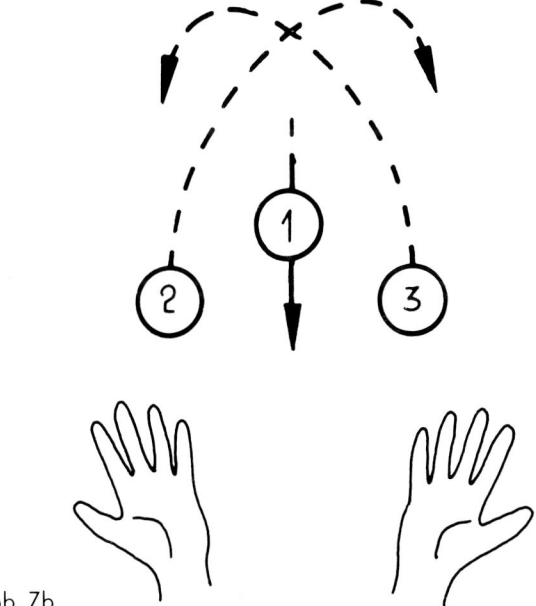

Abb. 7b

Abb. 7c. Die nächste Abbildung zeigt ein weiteres Beispiel für eine Parallelwurftechnik auf. Wir denken, daß wir uns hier weitere Erklärungen sparen können.

Abb. 7c

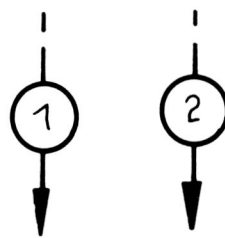

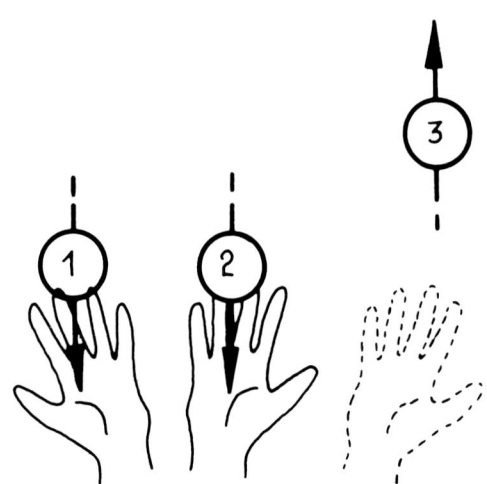

Michael Moschen, New York 1980

Abb. 8a Mitläufer. Bei diesem Trick spielst du den Ball 2 und 3 nebeneinander in der rechten Hand (siehe Abb. 3b).

Parallel zu Ball 3 oder 2 wird Ball 1 in der linken Hand mitgeführt.

Abb. 8a

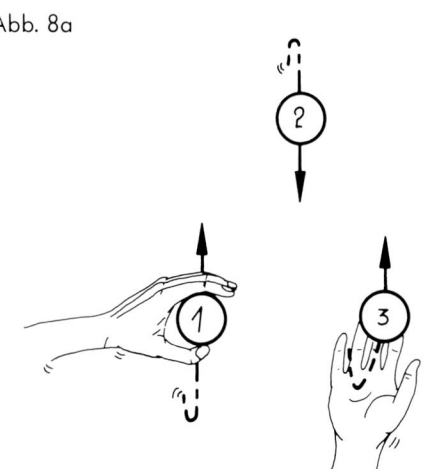
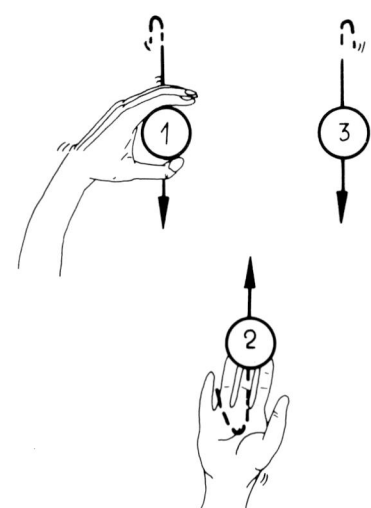

Abb. 8b Hochzieher. Dieser Trick gleicht im Aufbau dem Mitläufer (8a). Nur wird hier Ball 1 nicht parallel zu 3 mitgeführt, sondern in einem gleichbleibenden Abstand über Ball 2 mitbewegt.

Optisch wirkt es dann so, als würde Ball 2 an Ball 1 hochgezogen. Ball 1 kann z.B. durch einen Ring oder einen Hut ausgetauscht werden. Sieht jeck aus!

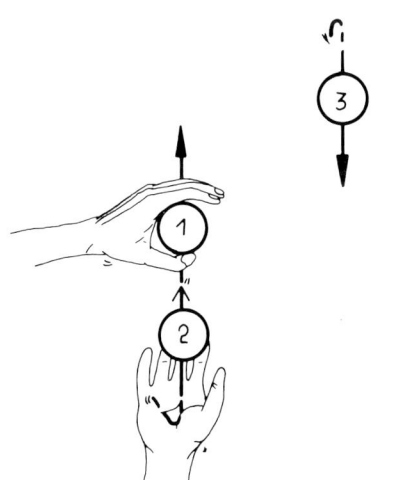
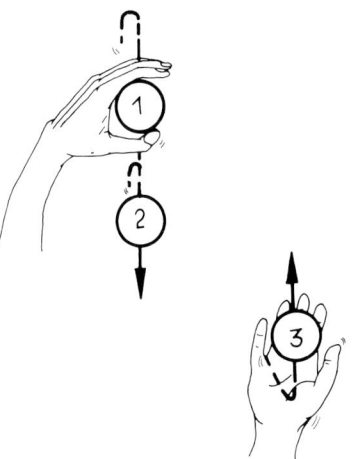

Abb. 8b

Zu **Abb. 9**. Sollte dich die Zeichnung noch nicht genügend von diesem Trick abgeschreckt haben — hier noch zusätzlich einige verwirrende Erklärungen:

— Grundvoraussetzung ist der Trick 8a
— zu 9a: Parallelspiel von Ball 1 und 3
— zu 9b: du führst Ball 1 mit der linken Hand nach rechts

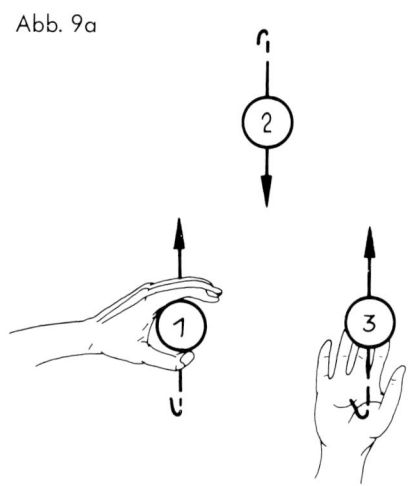

Abb. 9a

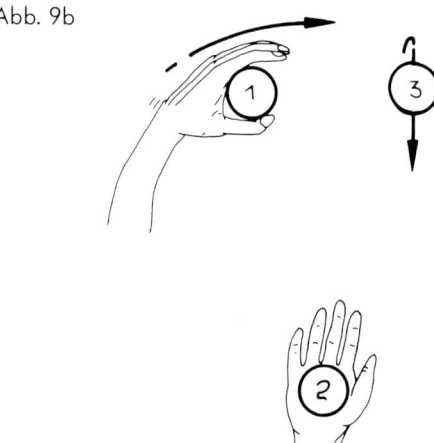

Abb. 9b

— zu 9c: während dieser Zeit wirfst du aus der rechten Hand Ball 2 nach oben in Richtung des linken Ellenbogens
— zu 9d: anschließend fängst du Ball 3 mit rechts auf und läßt Ball 1 fast gleichzeitig fallen. Bewege die linke Hand schnell zurück, um nach Ball 2 zu greifen. Versuche nun in den Bewegungsablauf von Trick 8a zurückzukommen. Viel Spaß beim ausprobieren; wir haben zum Verstehen dieses Tricks auch 'ne ganze Zeit benötigt.

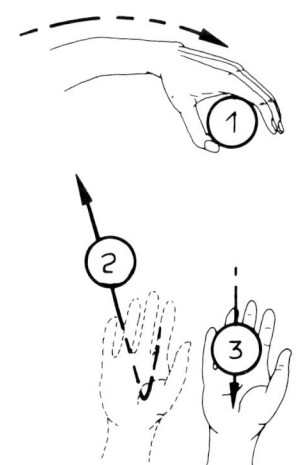

Abb. 9c

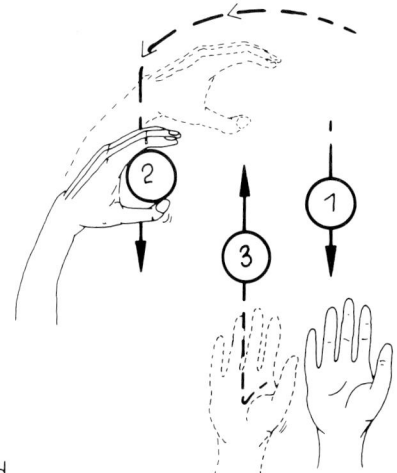

Abb. 9d

Trenner. Eine Variante dieses Tricks ist ebenfalls sehr publikumswirksam; du führst den dritten Ball waagerecht mit ausgestrecktem Arm durch die beiden Bälle, die mit der anderen Hand jongliert werden. Hierbei mußt du tüfteln, da es etwas schwierig ist, den entscheidenen Moment abzupassen.

Abb. 10. Dieser Trick ist einfach und dennoch recht effektvoll.

Du jonglierst zwei Bälle in einer Hand und läßt den dritten Ball in einem möglichst gleichbleibenden Abstand um deinen Kopf kreisen.

Abb. 10

X-Trix. Diese Tricks sind durch X gekennzeichnet, das dadurch entsteht, daß sich deine Arme beim Jonglieren kreuzen.

Abb. 11. Dieser Trick wird, bis auf die ständig gekreuzten Arme, wie der normale Dreier (siehe Abb. 4) gespielt.

Schwieriger wird es dann schon bei der erweiterten Form dieser Übung, der X-Fontaine **(Abb. 12)**. Du wirfst Ball 1 unter deinem linken Unterarm, löst danach das Armkreuz auf und wirfst die beiden anderen Bälle gleichzeitig hinterher. Werfe sie so, daß sie sich am höchsten Punkt kreuzen.

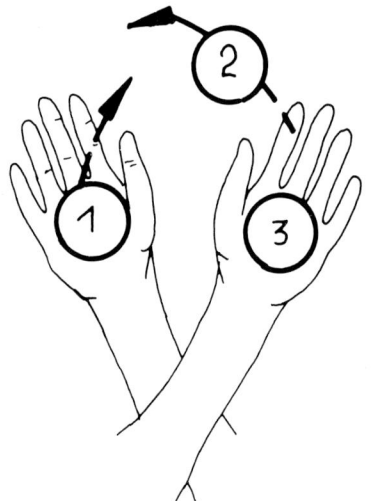

Abb. 11

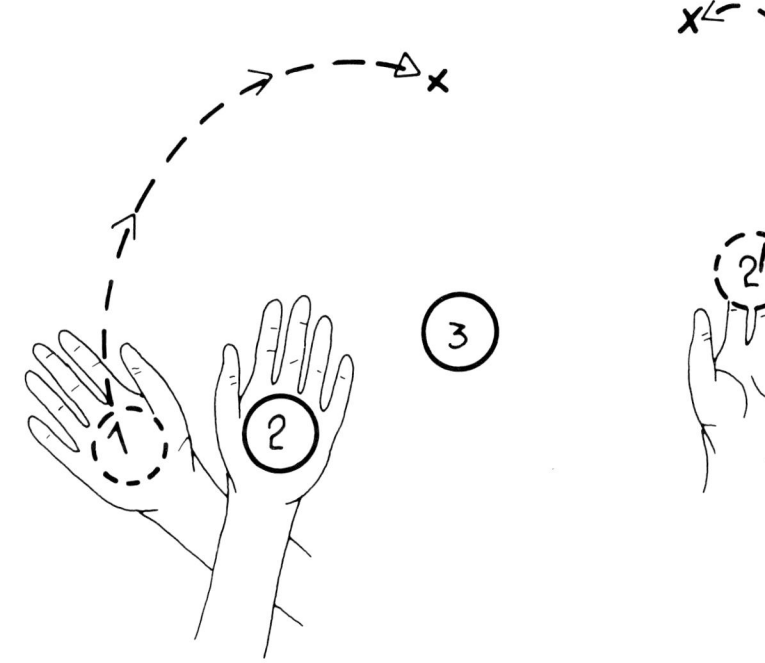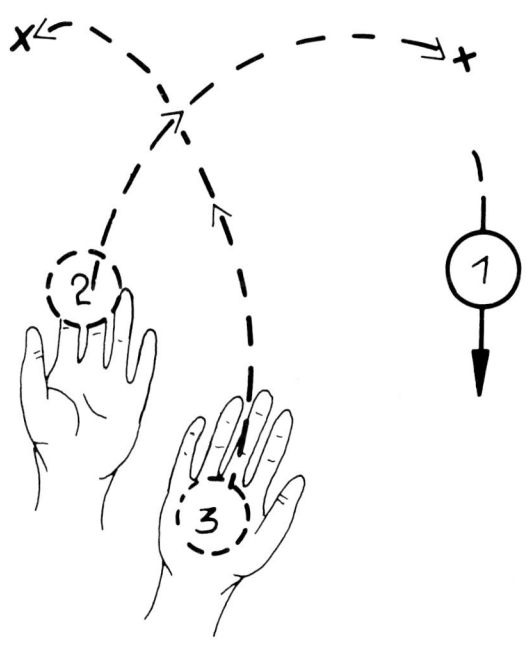

Abb. 12

Greifer. Beim Greifer fängst du die Bälle nicht wie beim normalen Dreiball-Jonglieren auf, sondern greifst den fallenden Ball von oben heraus. (Siehe **Abb. 13**).

Greifst du am Ende jeden Ball so heraus (Abb. 14), dann zeigen die Handflächen nur noch nach unten. Die Bälle werden nicht mehr geworfen, sondern mehr oder weniger nach oben gezogen, aus dem Handgelenk.

Abb. 13

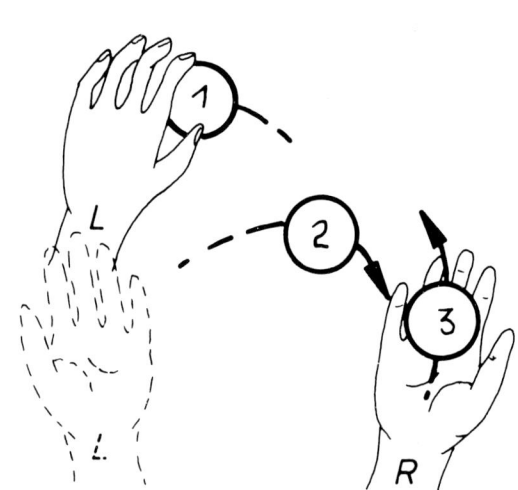

Abb. 14

Abb. 15 Dopser. Es besteht auch die Möglichkeit „nach unten" zu jonglieren.

Diese recht schwierige Form des Jonglierens wird allgemein als Dopser bezeichnet. Viele Luftwürfe lassen sich in Dopser umsetzen. Schwierig, schwierig!!!

Abb. 15

Zieher. **Abb. 16a** zeigt dir den „Außenseiter". Dieser Trick wird nun weitergeführt **(Abb. b)**. Mit der linken Hand, die gerade Ball 1 in die Luft befördert hat, greifst du nach oben, Handfläche nach außen, gen Ball 3, der gerade dabei ist herunterzufallen und ziehst ihn **(Abb. c)** nach links weg. Der Ellbogen (Unterarm waagerecht) führt dabei die typische „Aufsteiger-Rempel-Bewegung" aus. Die rechte Hand jongliert unterdessen mit den restlichen 2 Bällen unbeirrt weiter. Du läßt jetzt die Nummer 3 wieder in den Dreier-Jong einfließen. ODER du behälst ihn draußen und führst die Bewegung wie sie **Abb. d** zeigt, aus: Bringst Ball 3 den gleichen Weg wieder nach rechts und beschreibst mit ihm einen Halbkreis nach links zurück. Und immer wieder...

Abb. 16a

Abb. 16b

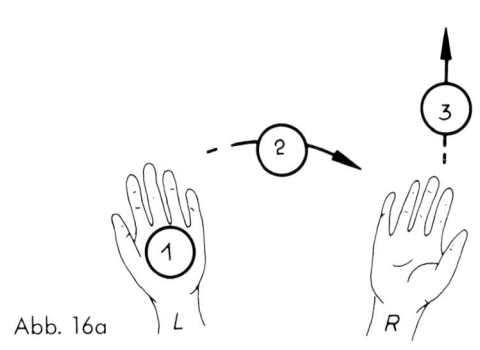

Abb. 16a

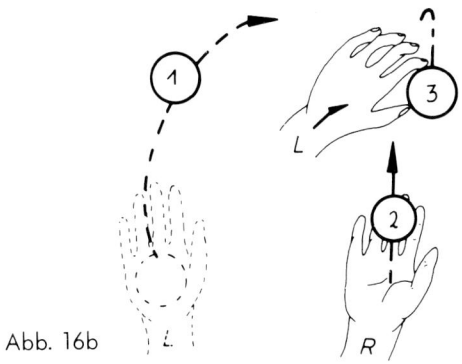

Abb. 16b

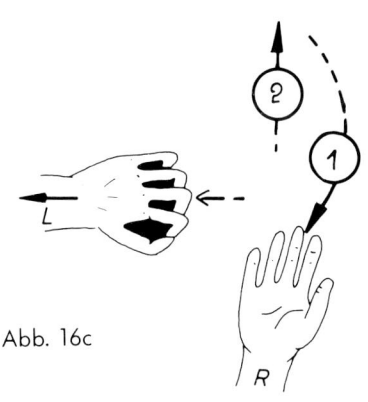

Abb. 16c

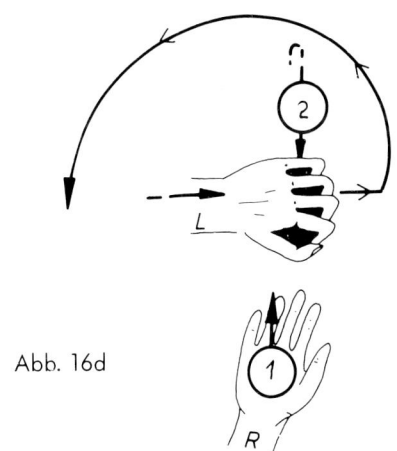

Abb. 16d

Abb. 17. Spezialitäten — Wurftricks und Fangtricks.

Jetzt versuche einmal mit einem effektvollen Trick das Jonglieren zu beginnen. Du nimmst alle 3 Bälle in eine Hand und wirfst sie gleichzeitig los. Ein Ball wird höher fliegen als die anderen, die du noch in der Aufwärtsbewegung greifst, um sofort in das normale Dreiball-Jonglieren überzugehen.

Abb. 17

Abb. 18. *Es ist sinnvoll, diesen Trick mit einer Vorübung anzugehen, bei welcher du nur mit einem Ball arbeitest. Diesen Ball führst du z.B. mit der rechten Hand hinter deinen Rücken, wirfst ihn über die linke Schulter, siehst ihm entgegen und fängst ihn mit der linken Hand auf. Gib dabei in den Knien etwas nach. Übe diese Wurftechnik auch mit links über die rechte Schulter. Richtig toll wird dieser Trick, wenn du jeden Ball abwechselnd über die rechte und linke Schulter wirfst.*

Abb. 18

Abb. 19. Bei diesem Wurftrick fängst du zwei Bälle nacheinander aus dem Dreier in einer Hand auf und wirfst diese wie in der vorherigen Abbildung 18 beschrieben hinter deinem Rücken her, fängst sie und jonglierst den Dreiball-Jong.

Abb. 20. Fängst du den Ball mit dem Handrücken auf, dann spreize den Zeigefinger und den kleinen Finger nach oben hin ab. Der Ball erhält so eine stabilere Lage.

Abb. 19

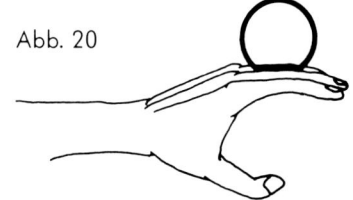

Abb. 20

Abb. 21. Die nächsten Abbildungen zeigen dir Fangtechniken, welche nicht mit der Hand ausgeführt werden. Einen Ball mit dem Fuß aufzufangen, erfordert schon recht viel Geschick. Damit dir der Ball beim Auftreten nicht vom Fuß hüpft, mußt du die Kraft des Aufpralls verringern, indem du während des Auffangens im Knie etwas nachgibst. Übe den Trick mit nackten Füßen und bilde durch Hochbiegen der Zehen eine Mulde, der dem Ball eine sichere Lage ermöglicht.

Abb. 21

Abb. 22. Bei diesem Trick kommt es darauf an, daß man das richtige Shampoo nimmt und im rechten Moment den Arm beugt, um so den Ball festzuklemmen. Gibst du dem Ball beim öffnen der Armbeuge einen kleinen Impuls, fliegt er fast senkrecht hoch und du kannst in den normalen Jonglierrhythmus übergehen.

Abb. 23. Als Heppen haben wir diejenigen Tricks bezeichnet, bei denen aus dem Dreiball-Jong heraus ein Ball auf z.B. Ober-, Unterarm, Bein, Knie fallen gelassen — und wieder hochkatapultiert wird.

Abb. 22

Abb. 23

Abb. 24. *Der Ball wird hier lediglich über die zur Hand gehörige Schulter geworfen (rechte Hand — rechte Schulter). Der Ball wird vor dem Körper, aus dem Handgelenk heraus über die Schulter geworfen. Nach Abwurf des Balls bringst du die Hand mit der Handfläche nach oben hinter den Rücken und fängst den Ball auf.*

Abb. 24

Kombination von Fang- und Wurftricks.
Abb. 25
Abb. 26

Abb. 25

a.

b.

Abb. 26

70

Abb. 27a, 27b. Die Shower. Die Kaskade entsteht, indem eine Hand fängt, den gefangenen Ball zur anderen Hand weitergibt und diesen weitergegebenen Ball wiederum zur ersten Hand wirft. Weiterreichen und Überfliegen geschieht fast gleichzeitig, so daß es zur Bildung eines Kreislaufs (Kaskade) kommt.

Abb. 27a

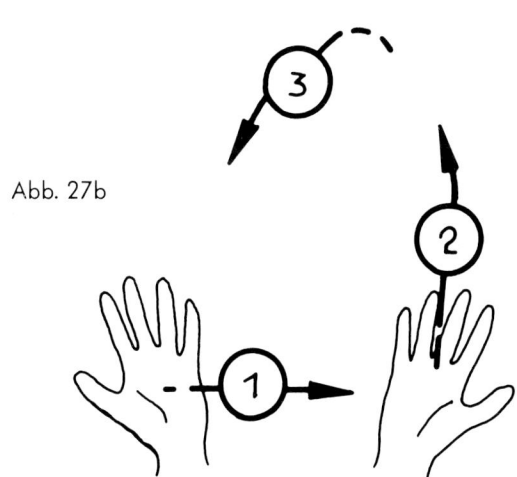

Abb. 27b

Abb. 28. Das Schaukelnde-U kommt zustande, indem ein fortlaufender Wechsel zwischen Kaskade rechts und — links erfolgt. Jeder Ball wird eine Position nach rechts und anschließend eine Position nach links geworfen.

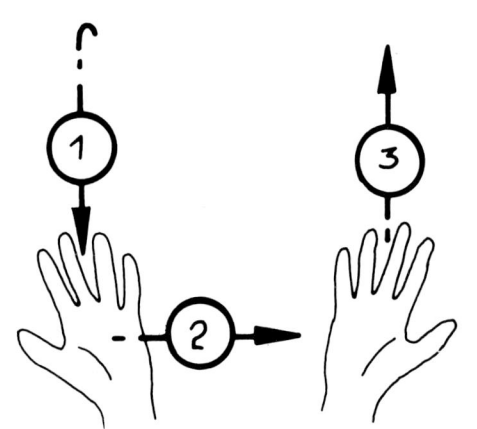
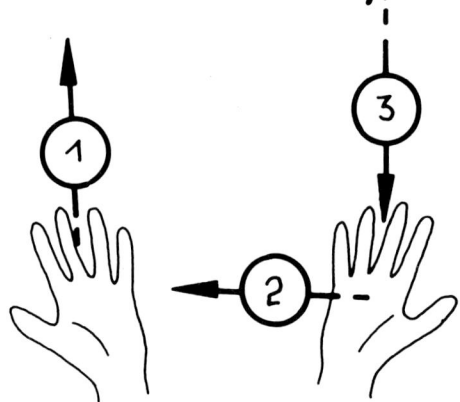

Abb. 28

Michael Moschen, New York 1983

Abb. 29a. Partnerübungen. Beim „Stehlen von vorn" stehen sich die beiden Partner in geringem Abstand gegenüber. Einer jongliert. Der „Dieb" stiehlt mit seiner rechten Hand zuerst den Ball, der gerade die rechte Hand des Jongleurs verlassen hat. Sofort ergreift er mit seiner linken Hand den zweiten Ball, welchen der Jongleur von links nach rechts wirft. Der dritte Ball wird vom Jongleur noch geworfen und vom „Dieb" ins Jonglieren übernommen. Fortwährender Rollentausch ist möglich.

Abb. 29b. Wie du aus der Abbildung 29b ersehen kannst, läßt sich's auch von der Seite stehlen. Mal rechts mal links, dat bringt's.

Abb. 29a

Abb. 29b

Abb. 30. Die Partner stehen sich in einem Abstand von ca. 1,5 Metern gegenüber.

Die nun folgenden Partnerübungen bauen sich auf das Dreiball-Jonglieren auf. Die rechte Hand hält zwei- und die linke- einen Ball. Beim Partnerjonglieren ist es sehr wichtig, daß ihr einen gemeinsamen Jonglierrhythmus entwickelt. Zählt aus diesem Grund am besten laut mit. Es wird bei dem Ball gezählt, der gerade die rechte Hand verläßt. Einigt euch auf eine Zahl (z.B. vier), bei der ihr den Ball, welcher normalerweise von eurer rechten auf die linke Hand geworfen wird, auf die linke Hand des Partners werft. Nach dem Ballwechsel beginnt ihr mit dem Zählen wieder bei 1.

Je öfter ihr wechseln wollt, desto kleiner wird die Zahl, bei der zum Partner geworfen werden muß. Wenn ihr dann bei 0,5 angekommen seid, ruft doch mal an.

Es besteht natürlich auch die Möglichkeit, daß die Bälle auf links wechseln, wodurch der Kreislauf der Bälle seine Richtung ändert.

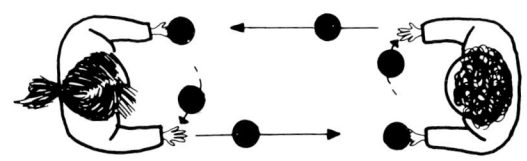

Abb. 30

Abb. 31. Die Abbildung 31 zeigt dir eine Variante von Abbildung 30. Hierbei erfolgt der Ballwechsel über die Schultern. Probiert aus, bei welchem Schulterabstand euch die Übung am leichtesten fällt.

Abb. 32, 33. Voraussetzung für die folgenden Übungen ist, daß alle Personen gleichzeitig beginnen und während der gesamten Übung ohne Unterbrechung im gleichen Rhythmus jonglieren.

Die Übung wird allgemein als „feeding" bezeichnet, da eine Person alle weiteren „füttert", indem sie der Reihenfolge nach mit jedem Teilnehmer einen Ballwechsel vornimmt.

Sieht mit Keulen besonders toll aus.

Die Pfeile in der Abbildung kennzeichnen die Ballwechsel.

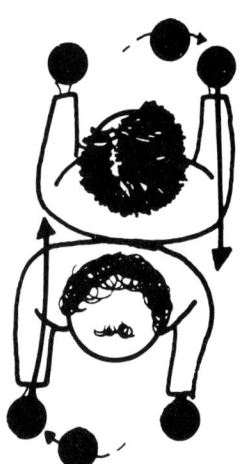

Abb. 31

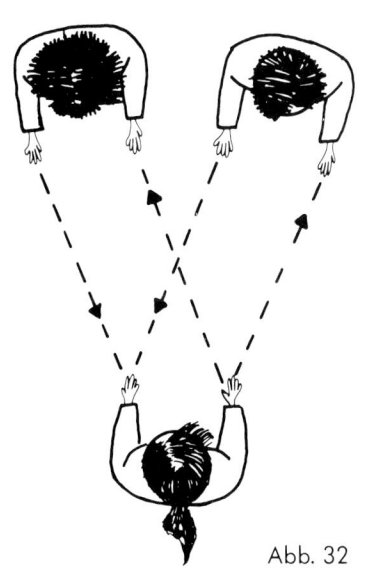
Abb. 32

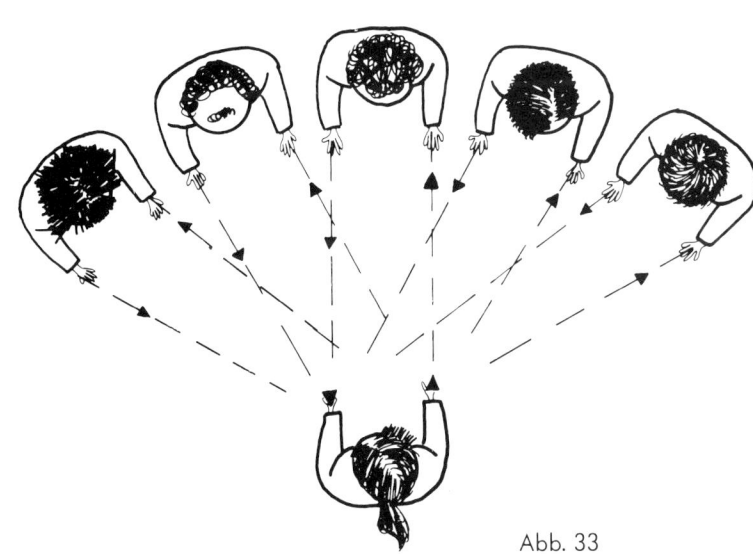
Abb. 33

Die **Abbildungen 34** und **35** zeigen dir noch weitere Formationsmöglichkeiten auf.

Auch hier sind wiederum nur die ausgetauschten Bälle durch Pfeile gekennzeichnet.

Bei der Übung in Abbildung 34 müßt ihr beachten, daß die Partner zu unterschiedlichen Zeiten ihre Bälle austauschen, da es sonst zu einer Kollision kommt.

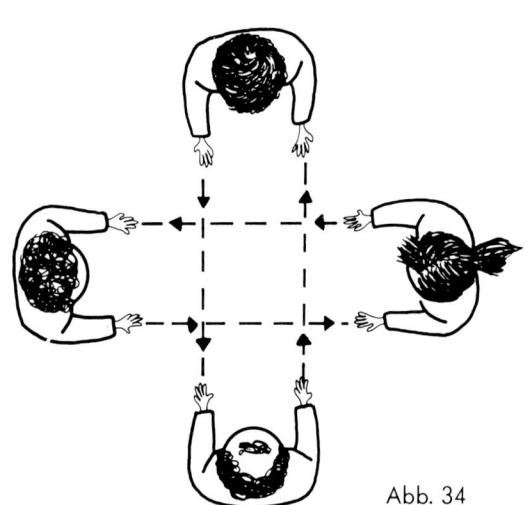

Abb. 34

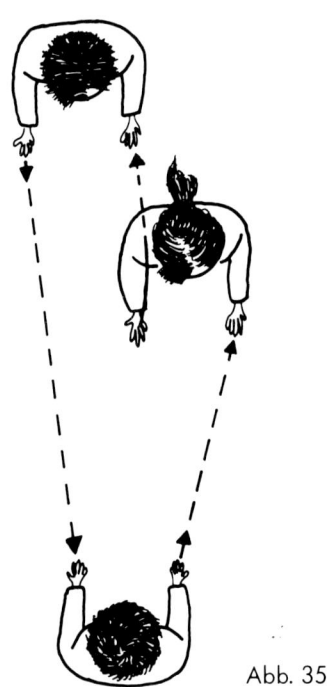

Abb. 35

Das Vierball-Jonglieren. Nun bist du reif, die mystische Zahl drei zu überbieten und den Ballbestand auf vier zu erweitern. Viererjonglieren — und später Jonglieren mit einer höheren geraden Zahl von Gegenständen — geht so:

Erinnere dich an die erste Übung mit zwei Bällen. Jetzt hast du in jeder Hand zwei. Du wirfst mit beiden Händen gleichzeitig je einen Ball hoch, dann den zweiten usw. Die Bälle wechseln die Hand nicht. Das war die „Fontaine": nun der Vierer versetzt: Dabei wirft zuerst eine Hand den Ball los, unmittelbar danach dann die andere Hand ihren ersten Ball. Auch hier kein Handwechsel.

Die Steigerung ist das Überkreuzen (versetzt), wobei die Hände jeweils Bälle der anderen Hand übernehmen. Die Höhe der Flugbögen müssen gut aufeinander abgestimmt werden, damit kein Zusammenstoß zur uneleganten Bruchlandung führt.

Üben! Nur nicht denken!

Schluß.

Hast du erstmal die Sache mit den vier Bällen im Gefühl, kannst du dich mit der verbliebenen Schaffenskraft an fünf Bälle, sechs Bälle ... heranmachen. Nach oben ist ja der Anzahl der Gegenstände keine Grenze gesetzt — theoretisch.

Wenn du bis hierhin mitgekommen bist und u.a. auch deine Wohnungseinrichtung glimpflich davongekommen ist und überhaupt das alles schon ganz toll aussieht, dann — glaube bloß nicht, daß du perfekt bist. Besorge dir Keulen, Ringe, endlich die Eier oder wonach sich dein Jongliererherz sonst noch sehnt und fang wieder ganz von vorne an.

Mit dem Keulengefühl...

Ray Jason, USA 1980

Edward Jackson, USA 1983

Foto: Thomas Hampel, Hamburg

Die europäische Jonglierszene

Paul Keast, Redakteur der Zeitschrift „KASKADE" und Mitglied der Gruppe „Die Kapriolen".

 Im Jahre 1977 kamen ein paar englische Jongleure auf die Idee, ein Treffen ins Leben zu rufen, das als Jahresversammlung der europäischen Sektion der International Jugglers Association gelten könnte. In der kleinen Halle in Brighton, an der englischen Südküste, trafen sich damals ganze zwölf Jongleure. Kaum vorstellbar für die Jongleure, die 1985 zum ersten Mal bei einem solchen „European Jugglers Convention" dabei waren, denn in der riesigen Sporthalle von Louvain-La-Neuve bei Brüssel tummelten sich über 550 Exemplare dieses Menschenschlages.

Sergei Ignatov

Inzwischen haben sich in sehr vielen europäischen Städten Gruppen von Jongleuren zusammengefunden, die sich ein- oder mehrmals wöchentlich zum gemeinsamen Jonglieren treffen. Bei den meisten solcher regelmäßigen Gruppentreffs wirbeln mehr Menschen und Gegenstände als bei der ersten European Convention.

Es ist schwer zu sagen, warum sich das Jonglierfieber so schnell verbreitet hat. Die Jongliereinlagen von Dieter bei „Karl Napps Chaos Theater" und später beim „Vorläufigen Frankfurter Fronttheater" inspirierten wohl viele. Ebenso die Flying Karamazov Brothers, die als Pausenfüller bei einer europaweit ausgestrahlten Rockpalast-Sendung Grateful Dead in den Schatten stellten. Aber es liegt auch in der Natur der Sache, daß Jonglieren in

The Flying Karamazov Brothers

Gruppen noch mehr Spaß macht als alleine, und deshalb versucht jeder Süchtige andere Leute anzustecken — bei Workshops, in Jongliergruppen, oder einfach so — im Park oder am Baggersee.

Jedenfalls ist Jonglieren inzwischen zu einem Boom geworden — und auch dieses Buch ist ein Beispiel dafür. Als ich vor 6 Jahren „einstieg", kamen die einzigen erhältlichen Bücher zu diesem Thema direkt aus den USA (wo der Boom des Jonglierens als Volkssport sich ein paar Jahre früher vollzog als hierzulande). Ebenfalls die Requisiten. Damals ließen wir uns einen Satz echter Dube-Keulen von Ulis in New York lebender Tante schenken, ein komplizierter Vorgang, aber für diese Rarität ohnegleichen hat es sich gelohnt. Und heute? Statt 6 Wochen Seereise über den Teich, trudeln die gleichen Keulen schon ein paar Tage nach dem Anruf beim Berliner Jongliergeschäft ein. Und die amerikanischen Hersteller haben längst europäische Konkurrenz — Keulen made in Heidelberg, Hamburg, Berlin, Amsterdam, Kopenhagen werden bei Passingformationen auf Conventions mit US-Modellen durcheinandergemischt. In etlichen anderen europäischen Städten gibt es jetzt Geschäfte, wo du dich von einem Fachkundigen beraten lassen kannst.

Vor zwei Jahren, als wir die „7. Europäische Jonglierwoche" in Frankfurt organisierten, kamen wir auf den Gedanken, diese zur Masse gewordenen Jongleure auch zwischen den jährlichen Treffen durch ein Kommunikationsmittel zusammenzuhalten, und so wurde die Europäische Jonglierzeitschrift „Kaskade" geboren. Mittlerweile erscheint sie in einer Gesamtauflage (englisch- und deutschsprachige Fassungen zusammengerechnet) von 700 und wird von Jongleuren in aller Welt gelesen. Neben rein informativen Teilen — wann und wo die regelmäßigen Treffen und die jährlichen Conventions stattfinden, welche Jongleure bei welchen Zirkussen auftreten, Adressen von Requisitenverkäufern — enthält Kaskade Rezensionen, Diskussionen zu ästhetischen, ethischen und gesundheitlichen Jongleur-Fragen, so wie Workshopbeiträge, Tips, usw. usf...

Die belgischen Veranstalter der Convention in Louvain-La-Neuve wollten den Organisationsgrad der europäischen Jongleure einen Schritt weitertreiben und gründeten die Association Européenne de Jonglerie. Außer dem Abonnement der Kaskade bekommst du für deinen Mitgliedsbeitrag eine Adressenliste von über 1000 Jongleuren, ermäßigten Eintritt zu European Conventions und Vorrang bei allen von der AEJ organisierten Aktivitäten — Workshops, gemeinsame Fahrten zur Convention, etc.

Eins läßt sich mit Sicherheit sagen: Der jetzt anfangende europäische Jongleur hat es in vielen Bereichen leichter als früher — andere Jongleure zu sehen und zu treffen, Requisiten zu bekommen, sich über die Möglichkeiten seines Hobbys zu informieren. Aber wer Jonglieren als mehr als nur ein Hobby ansieht, hat manchmal zwiespältige Gedanken über die Hochkonjunktur des Jonglieren. Die größte Bühne der Welt, die Straße,

wird immer kleiner. Die Straßenkünstler, die neben den traditionellen Hochburgen (Covent Garden in London, Centre Pompidou in Paris, Kurfürstendamm in Berlin) andere Auftrittsorte „erschlossen" haben, finden immer mehr Konkurrenz von einer ständig wachsenden Zahl Straßenjongleure, die teilweise sogar noch eine abgeguckte Version der eigenen Show präsentieren! Die einsetzende Übersättigung der Zuschauer und die Ähnlichkeit der vielen Jongliershows macht es immer schwieriger, Jonglage in irgendeinem Rahmen zu präsentieren, und erst recht schwieriger, Geld damit zu verdienen. Wer glaubt, durchs Jonglierenlernen einen schnellen Weg aus dem eintönigen Arbeits(losen)prozeß und zum Reichtum einschlagen zu können, der täuscht sich.

Qian Jian Ping, China

Anthony Gatto, 8 Jahre alt, USA 1981

Wo führt das alles hin? Einige Stimmen sagen, daß bald auch in Europa „amerikanische Verhältnisse" herrschen werden. Das soll wohl heißen, die europäische Jonglierszene werde immer bombastischer, leistungsorientierter und unpersönlicher. Andererseits werden neuerdings viele kleine „Mini Conventions" veranstaltet — dieses Jahr in Kopenhagen, Avrillé und Mannheim — wo persönlicher Kontakt zu allen Anwesenden noch möglich ist. Und das Haupttreffen wird auch einen ganz anderen Charakter als sonst haben, da es weit weg vom nordwesteuropäischen Ghetto der Jonglierszene stattfindet, nämlich am südlichsten Zipfel von Spanien.

Aber statt weiter zu spekulieren, schließe ich lieber mit den einschlägigen Adressen, damit du dich selbst weiter informieren kannst:

*Kaskade
Gabi Keast
Schönbergstr. 92
D-65199 Wiesbaden*

*Association Européen de Jonglerie
(AEJ)
Eddy Kryptowski
10 rue M. Charlent,
B-1160 Bruxelles
Belgien*

Sandro, aus D'Angolys Familie, Spanien 1970

Adressen

Jonglierarchiv
Hermann Sagemüller
Wekhrlinweg 21
D-86720 Nördlingen-Baldingen

Europäische Jonglierzeitschrift
Kaskade
Gabi Keast
Schönbergstr. 92
D-65199 Wiesbaden

Die Kaskade erscheint regelmäßig alle drei Monate und ist empfehlenswert. Für eine Probeausgabe 6,50 DM in Briefmarken der Bestellung beilegen. Bitte notieren, ob die Kaskade in deutsch oder englisch bestellt wird.

Internationales Jonglierarchiv
Karl-Heinz Ziethen
Lipschitzallee 75
D-12353 Berlin

Artistenarchiv
Archiv Dietmar Winkler
Waldowstr. 28
D-13156 Berlin

Jugglers world
Rich Chamberlin, Secretary
Box 29
Kenmore, New York 14217
USA
Jugglers World ist die Mitgliedszeitschrift der International Jugglers Association und erscheint alle drei Monate in englisch.

Adressen von einigen Jonglierartikelhändlern folgen auf den nächsten Seiten.

Internationales Jonglier-Archiv Karl-Heinz Ziethen in Berlin

Seit nunmehr fast 30 Jahren existiert diese wohl umfassendste Sammlung über die Jongliergeschichte.

Karl-Heinz Ziethen, früher selbst ein begeisterter Jongleur, bereiste als Seefahrer die ganze Welt und lernte fast alle namhaften, zeitgenössischen Jongleure kennen. In seinem Archiv befinden sich über 10000 Photos, die über mehr als 5000 Jongleure Auskunft geben, zahlreiche Requisiten, Plakate, Zeichnungen, Filme und Videos, sowie eine Bibliothek, die die Sammlung komplettiert.

Karl-Heinz ist nicht nur Sammler, Historiker und Fachmann, sondern auch Berater und Vermittler vieler Jongleure geworden. Es kommt schon vor, daß diese neben einem Besuch in dem Archiv auch seine Meinung über ihr Programm erfragen.

Sein umfangreiches Wissen über die Geschichte des Jonglierens hat er in bislang drei Büchern (siehe Bücher) zusammengefaßt und veröffentlicht. Auch dieses Buch verdankt seinen allgemeinen Teil der Mitarbeit und Beratung von Karl-Heinz; alle Fotos, mit Ausnahme der demonstrierten Fotos zum Jonglieren stammen aus seinem Archiv.

Materialien

Karl-Heinz Ziethen / Andrew Allen
Jonglieren, Kunst und Künstler
Juggling – The Art and its Artists
Hardcover, 364 Seiten, Die Jonglerie, DM 59,00

Die Autoren haben in jahrelanger Arbeit den schönsten Bildband über das Jonglieren zusammengestellt. Die Photos stammen aus dem Archiv von Karl-Heinz, der Text von Andrew und die Karikaturen von dem französischen Jongleur Toly M. von den ,,Les Castors''. Das Buch ist in englisch geschrieben, beigelegt ist aber ein Heft mit der deutschen Übersetzung.
Auf 362 Seiten sind 290 Photos, welche die verschiedenen Stile und die wichtigsten Künstler der Jonglierkunst präsentieren. Ein Index gibt Infos über mehr als 200 Jongleure. Obwohl das Buch 1985 erschienen ist, ist es noch immer das Standardwerk und wird es die nächsten Jahre auch bleiben. Erschienen ist es bei: Die Jonglerie, Hasenheide 54, 1000 Berlin 61 – und ist wie alle hier aufgeführten Bücher auch über den Verlag edition aragon zu beziehen.

Dave Finnigan
Alles über die Kunst des Jonglierens
Paperback, 536 Seiten, DuMont Verlag, DM 29,80

Dieses Buch gilt als Bibel für Jongleure. Es ist ein Buch mit Zeichnungen und Skizzen über das Jonglieren mit Tüchern, Bällen, Ringen, Keulen, Zigarrenkisten, Devil Stick, Diabolo und Hut. Auch das Drumherum wird mit 100 Seiten berücksichtigt. Sicherlich gibt es zu den einzelnen Themen wie Devil Stick und Diabolo ausführlichere und somit bessere Bücher von Todd Strong, trotzdem empfiehlt sich der Kauf dieses Buches alleine wegen des Überblicks über die Spielarten der Jonglage. Es ist ein Nachschlagewerk. Allerdings beinhaltet das Buch auch einige etwas eigentümliche Kapitel wie ,,Bist du beim Militär oder arbeitest du mit Strafgefangenen?'' Nun ja, so etwas gehört halt zum ,,American way of life''; Jonglieren auch für Gefängnisdirektoren zur Beruhigung der aufsässigen Gefangenen einzusetzen. Das Buch wird bei uns eh nur gekauft, um einen Überblick über alle Arten der Jonglage zu erhalten.

Ronald Rippchen
Jonglieren leicht gemacht
Paperback, 120 Seiten, Verlag Grüne Kraft,
DM 10,00

In Postkartengröße hergestelltes Buch. Immer wieder überarbeitet kommt diesem der Verdienst zu, das erste Buch über das Lernen der Jonglage gewesen zu sein. Schlecht an dem Buch ist wirklich nur die dürftige Aufmachung. Jedoch nicht abschrecken lassen! Inhaltlich ist es für Anfänger gut geeignet.

Sabine Peter
Jonglieren mit Bällen, Keulen, Ringen und Diabolo
Paperback, 80 Seiten, vierfarbig,
Falken Verlag, DM 19,80

Auf den ersten Blick ein gut gemachtes, schön gestaltetes Buch. Dann jedoch wird schnell deutlich, daß hier die Gestaltung dem Verlag wichtiger war als eine gute Erklärung für Anfänger. Jedes andere hier besprochene Buch ist für Anfänger meiner Meinung nach besser geeignet.

Christoph Rehm
Jonglieren. Ein Übungsweg.
Paperback, 100 Seiten, Urachhaus,
DM 24,00

Unter Jongleuren ist dieses Buch nahezu unbekannt, da es für die Zielgruppe der Anthroposophen geschrieben ist. Das Buch versucht, ein Gefühl zu vermitteln für den Lauf der Dinge und was dies alles mit Jonglieren zu tun haben könnte. Gedichte sind auch darin enthalten. Für Anfänger sicherlich ein neuer Weg. Technisch sind andere Bücher besser.

**Jonglieren.
Vom Werfen, Fangen und Drehen**
Hardcover, 120 Seiten, Hugendubel,
DM 26,00

Das Buch ist sicherlich nicht das schlechteste. Es kommt einem nur irgendwie viel zu teuer vor. Es spielt innerhalb der Szene eine nicht so große Rolle. Aber schlecht ist es nicht, da der Überblick gut ist und einzelne Tricks didaktisch durchdacht sind. Aber auch hier belegt es nur den zweiten Platz und kostet trotzdem DM 26,00.

Todd Strong
Devil Stick. Spielend lernen
Paperback, 104 Seiten, edition aragon, DM 16,80

Zur Zeit das einzige deutsche Buch für Anfänger und Profis zum Devil Stick. Todd Strong ist es gelungen, dieses Spiel in Europa wieder in der Jonglierszene zu etablieren. Heute finden wir den Devil Stick in jedem Jonglierladen.

Todd Strong
Diabolo. Spielend lernen
Paperback, 104 Seiten, edition aragon, DM 16,80

Dieses Buch ist für Anfänger gedacht. Aber selbst Profis werden Neues entdecken können. Ein Teil des Buches ist dem Passing und dem Spiel mit mehreren Diabolos gewidmet. Todd Strong ist als Lehrer des Diabolo vielen Spielern sicherlich persönlich bekannt. Es gelang ihm, dieses Spielzeug für jung und alt wieder in die europäische Jonglierszene einzubringen. Todd ist einer der Direktoren der „International Jugglers' Association" und hat lange Jahre an der französischen Zirkusschule unterrichtet.

Willi Klauke
Jonglier Kalender 1993, 1994 usw.
Paperback, 256 Seiten, edition aragon, DM 12,80

Jährlich neu erscheint der Jonglierkalender. Er gibt Auskunft über alle Arten des Jonglierens und vermittelt Kontakte sowie Adressen. Es werden (soweit bekannt) die Jonglierfestivals mit Kontaktadressen aufgeführt. Für alle, die mit Jonglieren zu tun haben, ein wunderschöner Begleiter durchs ganze Jahr. Paßt in jede Tasche.

Mani Paech
Das Keulenbuch. Von den Anfängen bis zum Passing
Paperback, 88 Seiten, edition aragon, DM 24,80

Ein Buch für Keulenjongleure und hier besonders für Conventionsbesucher oder für diejenigen, welche die Kommunikation mit anderen Jongleuren per Keule suchen. Zielstrebig baut Mani Paech das Buch auf, um Passing zu ermöglichen. Von der ersten Seite an für Anfänger, wird das Wissen so vermittelt, daß es später sehr einfach ist, sich in den Kreisen von Mitjongleuren einzureihen.

Jörg Treiber
Richtig Jonglieren
Paperback, 128 Seiten, BLV Verlag, DM 19,80

Dies ist ein Buch, was Jonglieren von der sportlichen Seite angeht. Gute Erklärungen und didaktisch okay geht es schnell in den höheren Leistungsbereich. Von dieser Seite gesehen das einzige Buch auf dem Markt und empfehlenswert.

Bettina Bardell
Circus – Bewegungskünste – mit Kindern
Paperback, 104 Seiten, edition aragon, DM 16,80

Die Kindercircusszene ist Thema dieses Buches. Es werden viele Tricks für die Arbeit mit Kindern vermittelt. Auch alle Spielarten des Jonglierens mit Tüchern, Devil Stick, Diabolo, Bällen und Keulen werden erklärt. Dieses Buch ist für Kindergärten, Stadtranderholung, Schule und Kindercircusbegeisterte geschrieben.

Jonglieren Balancieren Akrobatik

Das Spiel mit der Schwerkraft

SPORT-THIEME bietet Ihnen die passenden Geräte und Tips für Einsteiger und Profis. In unserem großen Hauptkatalog finden Sie über 5.000 weitere Artikel für den Vereins-, Schul- und Schwimmsport sowie für die Psychomotorik.

Fordern Sie noch heute kostenlos und unverbindlich Ihren SPORT-THIEME-Einkaufsberater an.

SPORT-THIEME

Postfach 320 • 38365 Grasleben
Telefon (0 53 57) 1 81 81 • Telefax (0 53 57) 1 81 90

Von Spiel bis Profi

ballaballa

Die Experten für Artistik, Theater, Spiel und Sport

Geschäft: Zülpicher Str. 39, 50674 Köln, Tel. 02 21/24 39 84
Großhandel/Versand: Volksgartenstr. 28, 50677 Köln, Tel. 02 21/32 76 88, Fax 31 84 43

Spiel-, Zauber-, Jonglier- & Theaterbedarf

NEU:
RADICAL FISH
DIABOLO

KATALOG ANFORDERN

STILBRUCH

Im- und Export
Groß- und Einzelhandel
**KAHLERTSTR. 18
64293 DARMSTADT**

FON: 06151-2 11 43
FAX: 06151-295721

Ausrüstungsprofi

jetzt neuer Katalog

für

Jugendgruppen

Zelte · Rucksäcke · Schlafsäcke · Lampen ·
Transportkisten · Großkocher · Töpfe ·
pädagogische Literatur · Seile · u.v.a.m.

– kostenloser Katalog –

Rüsthaus Sankt Georg ⚜

Martinstr. 2, 41472 Neuss (Holzheim)
Tel. 0 21 31 / 46 99 41 · Fax 0 21 31 / 46 99 99

Die Spielspirale

Kirchstr. 21
79312 Emmendingen
Tel. 07641 / 55615

Gratiskatalog anfordern!

★ zaubern ★ spielen ★ jonglieren ★

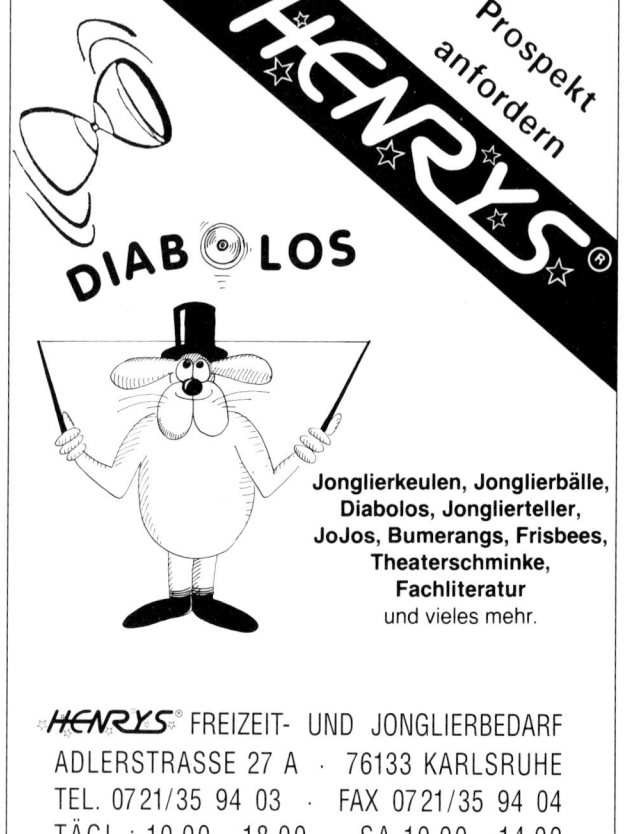

Prospekt anfordern

HENRYS

DIABOLOS

Jonglierkeulen, Jonglierbälle, Diabolos, Jonglierteller, JoJos, Bumerangs, Frisbees, Theaterschminke, Fachliteratur
und vieles mehr.

HENRYS® FREIZEIT- UND JONGLIERBEDARF
ADLERSTRASSE 27 A · 76133 KARLSRUHE
TEL. 0721/35 94 03 · FAX 0721/35 94 04
TÄGL.: 10.00 – 18.00 · SA 10.00 – 14.00

Wir bringen Freude ins Spiel!

Großhändler für Dekorationsballons
- Jonglierbedarf - Theaterschminke -
Geschenk-Sets und vieles mehr.

Dekorieren
Jonglieren
Spielen

Paletti
Ballon u. Freizeitartikel
GmbH & Co. KG
Drensteinfurtweg 32
D-48163 Münster
Tel. 02 51/7 82 22
Fax 02 51/78 82 37

Masterdistributor
Qualatex

Edition Aragon – Verlagsgesellschaft mbH
Neumarkt 7-9, 47441 Moers FAX 02841-24336

Die Buchreihe für Jongleure und Akrobaten. Bestellbar im Buchhandel, Jonglierhandel oder direkt beim Verlag

Bockamp/Urbanski: Bauchreden	DM 16,80
Riedelsheimer: Ledermasken	DM 16,80
Wegner: Bumerang	DM 16,80
Todd Strong: Diabolo für Fortgeschrittene	DM 16,80
Todd Strong: Diabolo spielend lernen	DM 16,80
Ewert u.a.: Modellierballons	DM 16,80
B. Bardell: Circus mit Kindern	DM 16,80
M. Fritz: Jonglieren, Spiel mit der Schwerkraft	DM 16,80
Todd Stong: Devil Stick	DM 16,80
Dinklage/Bardell: Die Kunst des Einradfahrens	DM 16,80
W. Nold: Das Spiel der Masken	DM 16,80
R. Urbanski: Maskenbau	DM 16,80
Cherubim: Handpuppen	DM 16,80
Melcer-Lukács u.a.: Akrobatisches Theater	DM 16,80
Hans-Jürgen Zwiefka: Pantomime	DM 16,80
J. Hertel: Trapezakrobatik mit Kindern	DM 16,80
Jonglier Kalender 1995	DM 12,80
Mani Paech: Das Keulenbuch	DM 24,80
K.H. Ziethen: Das Jongleur Postkartenbuch	DM 12,80
Todd Strong: Diabolo Postcards	DM 12,80

DAS BOOT IST VOLL. NICHT WEIL ZUVIELE MENSCHEN AN BORD SIND, SONDERN WEIL EINIGE VON IHNEN ZUVIEL WIEGEN!

Übermäßiger Konsum und bittere Armut zerstören unsere Lebensgrundlagen. Die Frage, die wir uns stellen müssen, lautet deshalb: "Wieviel ist genug?". Schicke uns diese Anzeige und Du erhälst unser "**Naturschutzpaket**" inkl. **Konsum-Broschüre** und Aktionstips. Bitte lege sechs DM in Briefmarken (für Rückporto und Kosten) dazu.

Naturschutzjugend, Königsträßle 74, 70597 Stuttgart Füllanzeige

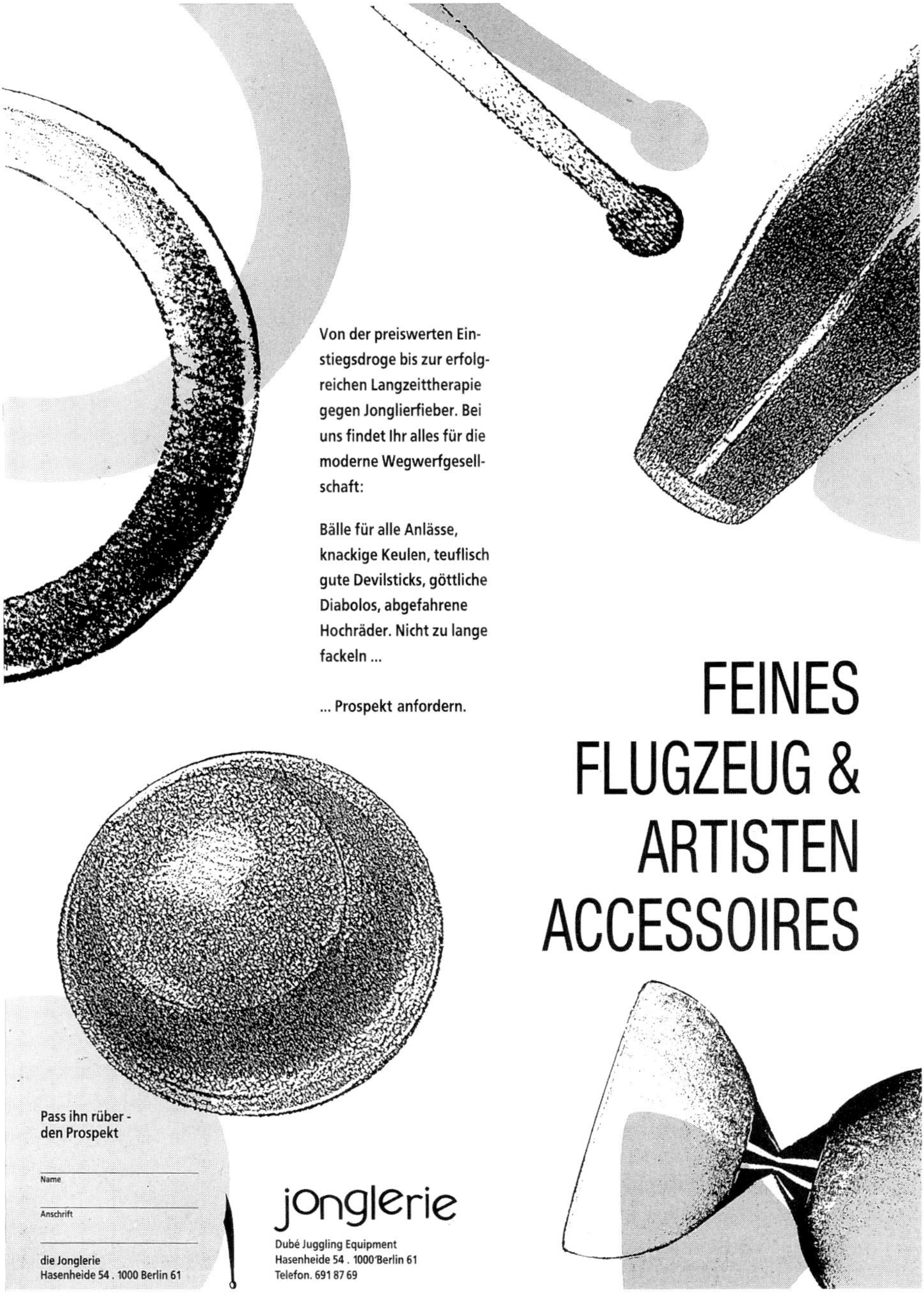

FEINES FLUGZEUG & ARTISTEN ACCESSOIRES

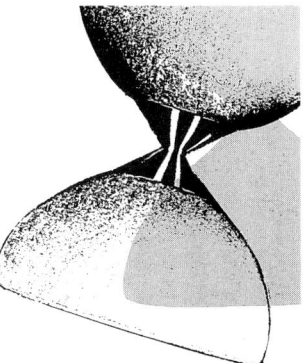

Von der preiswerten Einstiegsdroge bis zur erfolgreichen Langzeittherapie gegen Jonglierfieber. Bei uns findet Ihr alles für die moderne Wegwerfgesellschaft:

Bälle für alle Anlässe, knackige Keulen, teuflisch gute Devilsticks, göttliche Diabolos, abgefahrene Hochräder. Nicht zu lange fackeln ...

... Prospekt anfordern.

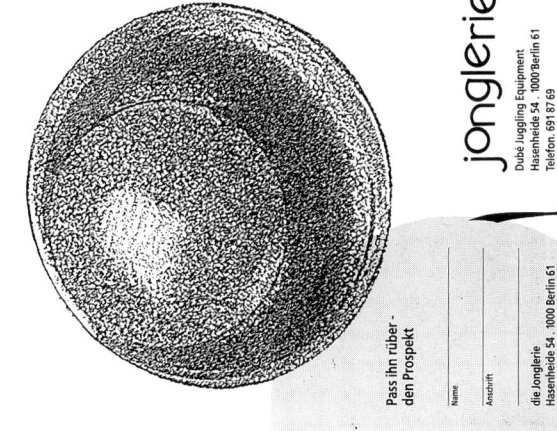

jonglerie

Dubé Juggling Equipment.
Hasenheide 54 . 1000 Berlin 61
Telefon. 691 87 69

Pass ihn rüber -
den Prospekt

Name
Anschrift

die Jonglerie
Hasenheide 54 . 1000 Berlin 61